Made in the USA
Las Vegas, NV
31 January 2024

85168327R00056